¿Cómo hacen erupción los volcanes?

Mostrar eventos y p

Seth Matthas

NIÑOS DIGITALES

Superdotados con pensamiento computacional

PowerKiDS press.

Publicado en 2018 por The Rosen Publishing Group, Inc. 29 East 21st Street, New York, NY 10010

Autor: Seth Matthas
Traductor: Alberto Jiménez
Directora editorial, español: Nathalie Beullens-Maoui
Editora, español: María Cristina Brusca.
Editora, inglés: Caitie McAneney
Diseño del libro: Jennifer Ryder-Talbot

Todas las ilustraciones por Contentra Technologies

Library of Congress Cataloging-in-Publication Data

Names: Matthas, Seth.
Title: ¿Cómo hacen erupción los volcanes?: Mostrar eventos y procesos / Seth Matthas.
Description: New York : Rosen Classroom, 2018. | Series: Niños digitales: Superdotados con pensamiento computacional / Computación científica en el mundo real | Includes glossary and index.
Identifiers: LCCN ISBN 9781538356999 (pbk.) | ISBN 9781538328644 (library bound) | ISBN 9781538357002 (6-pack) | ISBN 9781538357019 (ebook)
Subjects: LCSH: Volcanoes--Juvenile literature. | Volcanoes--Experiments--Juvenile literature. | Science projects--Juvenile literature.
Classification: LCC QE521.3 M38 2018 | DDC 551.21--dc23

Créditos fotográficos: Cubierta, Ammit Jack/Shutterstock.com; p. 5 Bos11/ Shutterstock.com; p. 6-7 Byelikova Oksana/Shutterstock.com; p. 8-9 Designua/ Shutterstock.com; p. 10-11 Ami Parikh/Shutterstock.com; p. 12, 15, 16 Santhosh Varghese/Shutterstock.com; p. 18-19 Fredy Thuerig/Shutterstock.com; p. 20 Linnas/ Shutterstock.com.

Fabricado en Estados Unidos de América

Información de cumplimiento CPSIA Lote #WS18RC: Si desea más información póngase en contacto con Rosen Publishing, New York, New York, teléf. 1-800-237-9932

Contenido

Volcanes

¿Has visto alguna vez un volcán? Los volcanes son unos de los **accidentes geográficos** más terroríficos de la Tierra. Son aberturas de la superficie terrestre a través de las cuales pueden salir gas y lava. Esta lava, o roca **fundida**, procede de una capa subterránea muy caliente. Cuando está bajo el suelo, la lava se llama magma.

Algunos volcanes están inactivos, lo que supone poco riesgo, pero otros son muy activos y **erupcionan** a menudo, causando gran **destrucción** a su alrededor.

Ahora mismo este volcán no está activo, pero puede erupcionar algún día.

Las erupciones volcánicas originan a veces inmensas nubes grises de ceniza y desechos que viajan grandes distancias.

Erupciones volcánicas

En el mundo hay unos 1,500 volcanes activos, lo que significa que pueden despedir gas, desechos o lava.

Mediante las erupciones volcánicas, la Tierra se libra de la presión. Imagina que agitas una botella de soda. Las burbujas de gas que se acumulan dentro originan presión. Cuando la botella se abre, la presión se libera y la soda erupciona. La lava es capaz de quemar todo lo que encuentra a su paso. Cuando se enfría origina peligrosos peñascos. Algunos volcanes expulsan cenizas y gases tóxicos.

Simular placas tectónicas

¿Por qué hay volcanes? Los volcanes suelen estar a lo largo de las **fronteras**, o límites, entre placas tectónicas, es decir, en su lugar de encuentro. La Tierra es como un rompecabezas; las placas son las piezas de terreno duro que la conforman. Estas placas se mueven porque se apoyan sobre una capa caliente y flexible.

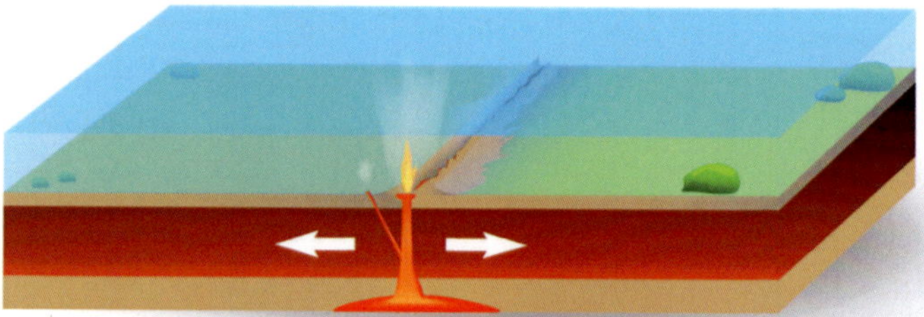

frontera divergente

Estas ilustraciones muestran cómo se forman los volcanes a lo largo de las fronteras convergentes y divergentes.

En las fronteras convergentes las placas se juntan, pero en las divergentes se separan y se deslizan una sobre otra, transformando la frontera. Los volcanes pueden formarse sobre ambos tipos de fronteras. Las **simulaciones** de placas muestran que sus movimientos originan fosas, montañas y volcanes.

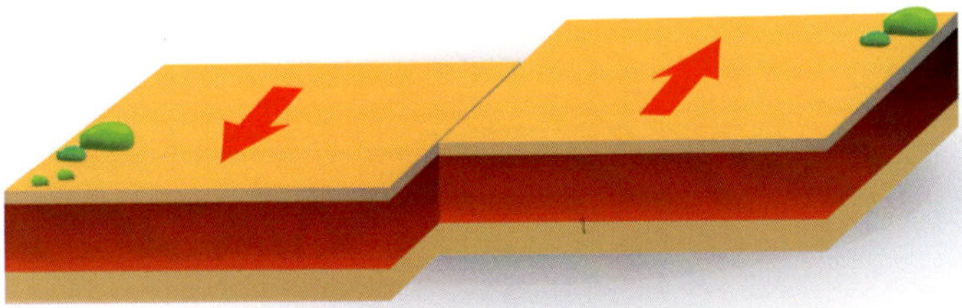

frontera de transformación

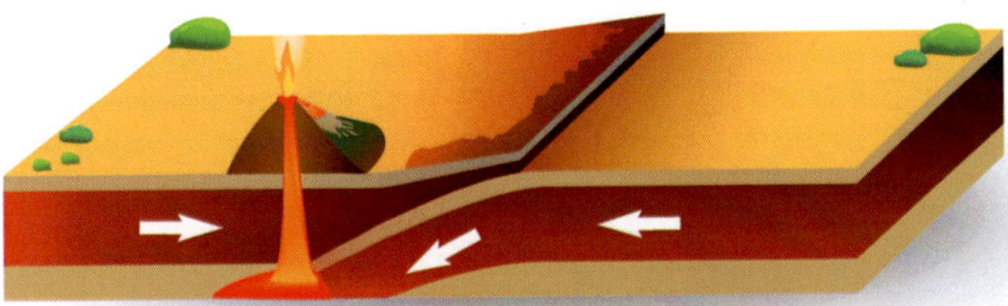

frontera convergente

Tipos de volcanes

Los volcanes más activos están en el Anillo de Fuego del Pacífico, un área situada en los bordes del océano Pacífico.

Este es un volcán cono de ceniza con un gran cráter.

Si no se vive en una zona con volcanes, no es fácil ver uno. Por eso son importantes los modelos y las fotos. Al mirarlos, vemos que hay volcanes de diferentes formas y tamaños. Los de cono de ceniza constan de una sola chimenea y un amplio **cráter**. Los compuestos son mayores y presentan varios cráteres pequeños. Los de escudo tienen pendientes suaves y bases anchas.

Si pintas tu modelo, le darás un aspecto más realista.

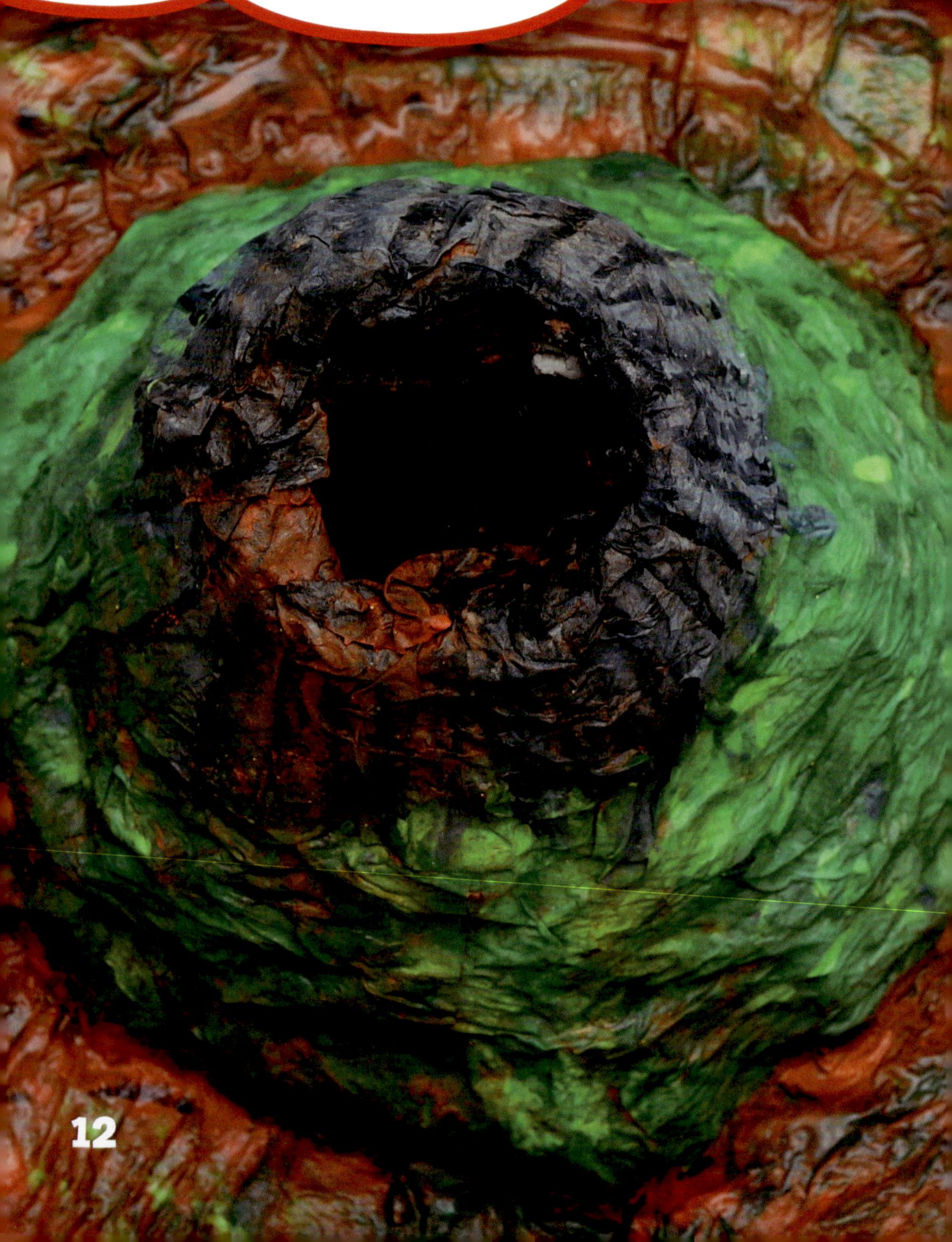

Construye tu volcán

Los modelos de volcanes caseros se hacen con distintos **materiales**, como una botella de soda vacía cubierta con arcilla marrón.

También puede utilizarse **papel maché**: sumerge tiras de periódico en una mezcla de cola blanca y agua; después cubre una botella de soda con este material, dejando la boca de la botella abierta; sigue añadiendo papel maché y dale forma de volcán.

Una reacción química

Puedes añadir animales, autos, edificios y árboles de juguete a tu modelo. Estos representarán las cosas que serían destruidas por la erupción.

Luego simula la erupción mezclando productos químicos. Usa un embudo para verter tres cucharadas de bicarbonato por la boca de la botella. A continuación agrega unas gotas de colorante alimentario rojo; este hará que la lava sea roja. El ingrediente que provocará la **reacción química** será el vinagre blanco, que se añade en último lugar.

Los dos ingredientes principales de esta reacción son el bicarbonato y el vinagre blanco.

¿Qué aprendemos al simular una erupción?

Erupción

La reacción química se produce cuando el vinagre cae sobre el bicarbonato. La mezcla, que produce gas y líquido, erupciona por la boca de la botella y la "lava" se desliza por las laderas del volcán, arrasando los juguetes.

Hemos simulado una erupción volcánica. Como en una erupción verdadera, la presión se acumula en la chimenea hasta que tiene que salir, disparando la lava que causará destrucción.

Destrucción

Según ciertos científicos, más de 260,000 personas han muerto debido a las erupciones volcánicas de los pasados 300 años. La lava puede arrastrar gente, animales y casas. Las avalanchas de rocas y barro sepultan y aplastan todo lo que encuentran. La ceniza y el gas suelen perjudicar a quienes los respiran.

Si pones juguetes en tu modelo, verás los destrozos que la erupción provoca. La fuerza de la lava los arrastrará. Imagina, además, que cuando la lava es real ¡está muy caliente!

¡Esta casa fue destruida por una erupción volcánica!

Algunos científicos recorren los volcanes activos para recopilar datos y muestras.

Predecir erupciones

¿Pueden predecir los científicos cuándo erupcionará un volcán? La gente que estudia los volcanes, los vulcanólogos, tiene herramientas y métodos para predecir las erupciones.

Estudian las erupciones del pasado para ver cómo fueron y ponen **sensores** en varios lugares del volcán. Los sensores les permiten recopilar datos de los gases volcánicos y del movimiento del magma subterráneo. Con tales datos, predicen la posible erupción y advierten a la gente que **evacúe** la zona.

¿De qué sirven las simulaciones?

Las simulaciones y los modelos suelen servir para mostrarnos desastres naturales, como las erupciones. Los modelos nos enseñan el aspecto de los volcanes; las simulaciones, cómo las placas tectónicas se mueven y cómo la erupción afecta a su entorno.

Los científicos utilizan también simulaciones de los sistemas meteorológicos para predecir tormentas masivas. Con los datos y la información de desastres del pasado, simulan el paso de la nueva tormenta. ¡Las simulaciones nos ayudan a ver de cerca desastres naturales sin correr riesgos!

Glosario

accidente geográfico: Rasgo natural de una superficie terrestre.

cráter: Agujero con forma de bol en la superficie de un planeta o una luna.

destrucción: Ruina, daño o desperfecto grande.

erupcionar: Dicho de un volcán, entrar en erupción.

evacuar: Marcharse de un lugar para buscar protección.

frontera: Línea divisoria.

fundido: Transformado en líquido por la acción del calor.

material: Algo con lo que puede hacerse una cosa distinta.

papel maché: Material moldeable fuerte y ligero compuesto por papel de desecho y cola.

reacción química: Cambio químico producido al combinar dos o más sustancias.

sensor: Herramienta que detecta cambios en sus alrededores.

simulación: Objeto o acontecimiento que muestra otro objeto o acontecimiento, o actúa como ellos.

Índice